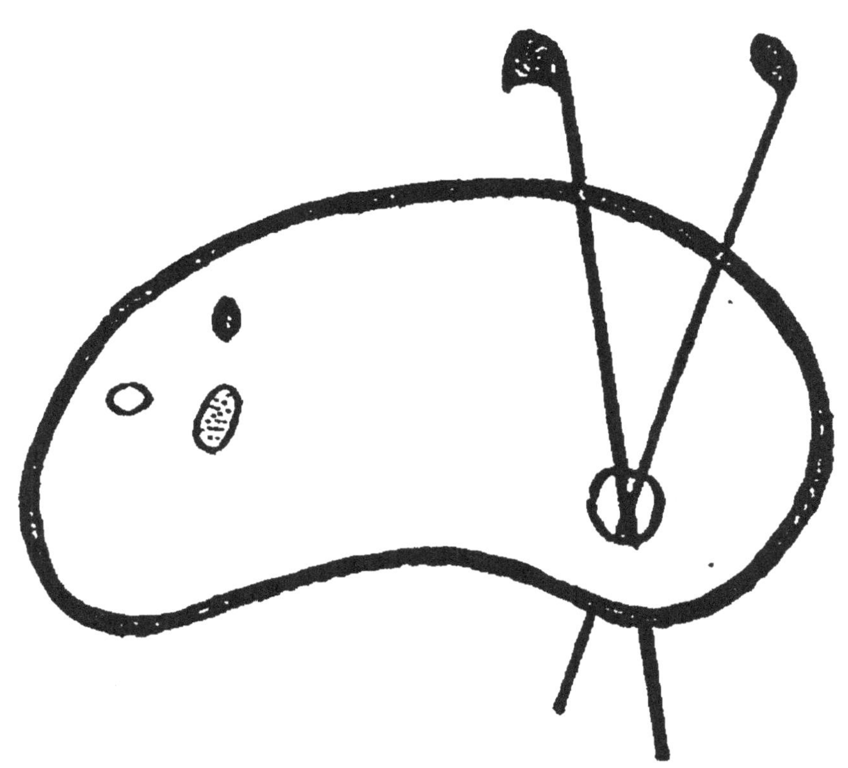

DÉBUT D'UNE SÉRIE DE DOCUMENTS
EN COULEUR

EN MORVAN

NOS BONS SAINTS

MIRACLEURS & GUÉRISSEURS

Monsieur SAINT-MARTIN

Le bon SAINT-GENGOUX

PAR LUCIEN GUENEAU

NEVERS

IMPRIMERIE DE LA TRIBUNE, 32, AVENUE DE LA GARE

1903

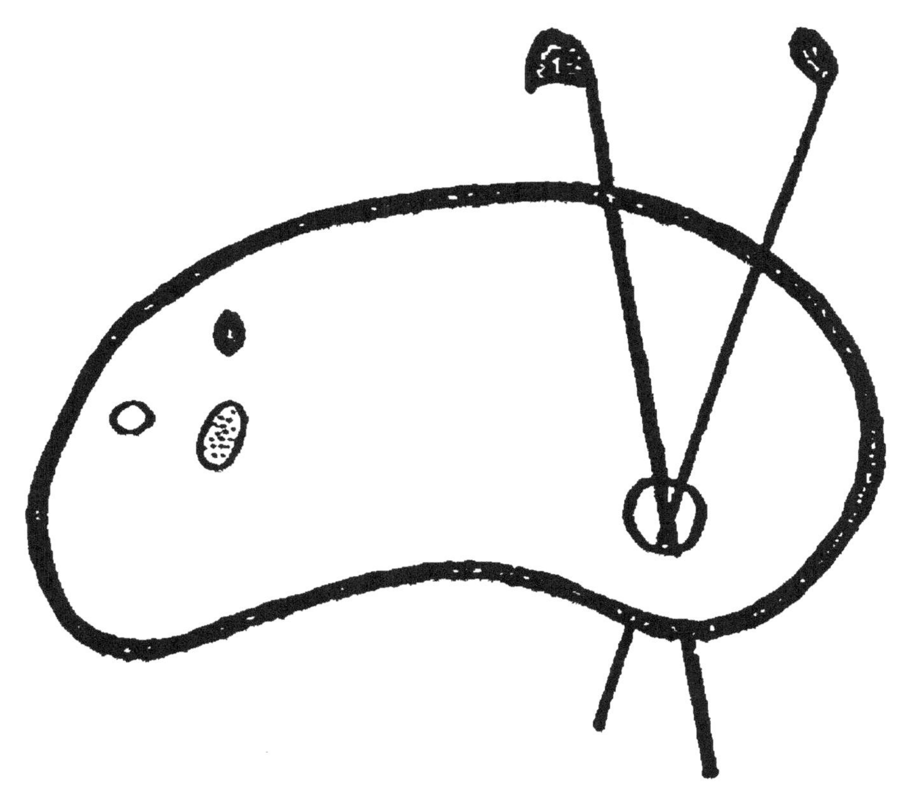

FIN D'UNE SERIE DE DOCUMENTS
EN COULEUR

EN MORVAN

NOS BONS SAINTS

MIRACLEURS & GUÉRISSEURS

Monsieur SAINT-MARTIN

Le bon SAINT-GENGOUX

Par Lucien GUENEAU

NEVERS

IMPRIMERIE DE LA TRIBUNE, 32, AVENUE DE LA GARE

1903

EN MORVAN

NOS BONS SAINTS MIRACLEURS & GUÉRISSEURS

MONSIEUR SAINT MARTIN

CHAPITRE PREMIER

ENTRÉE EN MATIÈRE. — LA LÉGENDE DU PÊCHEUR.

De tous les grands saints miracleurs et convertisseurs de barbares dont nous nous plaisons à rechercher les légendes, nul ne paraît avoir laissé plus de souvenirs de son passage dans notre Morvan que Monsieur Saint Martin.

Qui de nos Morvandeaux ne l'a vu ou n'a entendu dire par des anciens qu'on l'avait vu, et c'est tout comme, le manteau au vent, les cheveux ébouriffés, monté sur un âne aussi légendaire que lui, franchissant d'un bond nos monts et nos vallées pour échapper aux poursuites des païens ou à celles du diab' ligué avec eux? Si une fontaine jaillit de quelque roc de granit sur le sommet d'une de nos montagnes, c'est saint Martin ou son âne qui l'en ont fait sortir. Si une cavité, une éraflure quelconque se montre sur un de ces rocs, c'est à coup sûr une empreinte laissée par un pas du saint ou par le sabot de son âne. Il n'est chaumière dans laquelle on ne retrouvait, il n'y a pas long-temps encore, quelque conteur pour vous redire une légende quelconque sur ses exploits dans notre Morvan et c'est, sur le sommet même de notre Beuvray, que j'ai récolté de la bouche d'un bûcheron, aussi âgé que les hêtres qui couronnent ce sommet sacré, les meilleures de ces légendes.

M. Saint Martin nous appartient donc sans conteste et c'est bien à lui que nous devons le suprème bonheur de posséder aujourd'hui les ineffables dévotions qui témoignent si bien de la grandeur de notre religion ; c'est bien lui qui chassa de leurs repaires nos affreux druides à la longue barbe pour mettre à leur place les prêtres au visage rasé de frais qui nous inspirent une si grande vénération ; c'est lui encore qui fit déguerpir de nos forêts et de nos fontaines toutes ces divinités champêtres, Douées, Douix, Dores, Martes, Bonnes-Dames, etc., qui osaient y recevoir sans vergogne les adorations dues à la seule sainte Vierge Marie, mère immaculée de Jésus et de ses frères et sœurs, ainsi que le rapportent nos livres saints.

N'est-ce pas encore M. Saint Martin qui renversa si bien les monuments consacrés à nos faux dieux qu'il n'en reste plus aujourd'hui que d'informes débris que fouillent à grands fracas nos archéologues, dont je suis, pour édifier sur ces pieux fragments quelque savante dissertation historique ?

Qui saura jamais tout ce qu'a pu nous révéler un tesson de pot cueilli au bon endroit ou un vieux sou bien rouillé enfoui depuis des siècles sous un tronc d'arbre ?

On prétend, et je ne voudrais pas répondre que ce ne soit pas la vérité, que M. Saint Martin n'est qu'un emprunteur vulgaire et que tous les oripeaux qu'on lui a mis sur le dos pourraient bien avoir appartenu à quelque Dieu de la Germanie ou de la Grèce, ou même à un Hindou, à un Woden, à un Odin quelconque, un Hercule ou même à un Bacchus ou à un Mercure et que son nom même ne serait qu'un nom de guerre comme celui de Martel, conféré à ce fameux duc Charles, qui aplatit si bien les Sarrazins à Poitiers, ce qui ne l'empêcha pas, parait-il, d'avoir été précipité en enfer à la fin de ses jours pour avoir distribué des bénéfices ecclésiastiques à ses guerriers. On ose même ajouter qu'avant lui tóus les vieux dieux avaient laissé déjà les empreintes que nous vénérons et fait jaillir les fontaines qui portent son nom, qu'il ne fut et ne serait que le creuset dans lequel se fondirent les légendes celtiques et romaines pour se transformer en légendes catholiques. Mais ce sont là de hautes questions scientifiques que nous abandonnons à messieurs les savants.

Martin est pour nous, non pas même le fameux évêque de Tours qui vivait vers la fin du IVe siècle et dont Clovis disait *« qu'il servait bien ses amis mais qu'il se faisait payer un peu cher »* ; mais c'est surtout le miracleur Morvandeau sans pareil que ses panégyristes ont surnommé le combattant du Seigneur, le dieu Martin ! — Et pourquoi pas? On en a fait bien d'autres qui peut-être y avaient moins de droits que lui, catholiquement parlant, bien entendu.

Un beau jour donc, que le Père Éternel, fatigué de voir le diable et ses druides régner en maîtres chez nous, eût résolu de nous ramener à la vraie foi, il chargea M. Saint Martin d'être l'exécuteur de ses hautes œuvres dans notre pays et lui confia tous ses pouvoirs à cet effet.

Disons en passant que ce titre de MONSIEUR, que repoussent si dédaigneusement nos glorieux évêques d'aujourd'hui qui, peut-être, n'ont jamais converti personne, bien au contraire, pourrais-je ajouter, ne fut pendant longtemps réservé qu'aux seuls frères ou très proches parents des rois, et, par exception, aux grands intendants de bonne maison, à ceux qui ont l'oreille du maître et sont les dispensateurs de ses grâces.

Le peuple, qui ne s'y trompe jamais, le conféra à son saint favori, sachant bien que rien ne se faisait alors que par son intercession et qu'il était en réalité le dieu Martin, je veux dire qu'il était plus dieu que son maître. Aussi était-ce à qui lui adresserait ses suppliques et lui graisserait le plus convenablement la patte.

N'allez pas croire qu'en parlant ainsi j'aie la moindre

intention de me montrer irrévérencieux envers un aussi grand saint, bien au contraire, je ne fais que rappeler un de ses meilleurs droits à notre vénération : ouvrez, en effet, le premier légendaire venu et vous y lirez que les enfants atteints de méningite y sont dits « tenus par la *patte* de saint Martin ».

Pour ce qui est du graissage, tout le monde sait qu'il s'agit là d'une expression consacrée par l'usage pour désigner la sainte pratique au moyen de laquelle on se rend favorables messieurs les intendants des seigneurs aussi bien que ceux de nos dieux, sous quelque nom qu'on les désigne. Ne croirait-t-on pas, en effet, commettre un crime de lèse-divinité en se présentant devant eux les mains vides ? Demandez plutôt à saint Antoine de Padoue et même à la bonne sainte Vierge dont les troncs privilégiés sont d'un si beau rapport ?

Pas d'argent, pas de grâces, pas d'indulgences, et encore moins de ces hautes bénédictions papales qui sont d'un si puissant effet près de Dieu. Mais remplissez convenablement les saints troncs et vous aurez tout par surcroît.

M. Saint Martin se laissa donc tant et si bien graisser la patte, qu'à l'exemple des bons régisseurs, il devint bientôt plus riche que son maître. Aussi, aujourd'hui encore, malgré la dureté des temps, malgré la concurrence de Lourdes, de La Salette, de Paray, de tous les sacrés cœurs de Jésus, de Marie, et autres boîtes à miracles, possède-t-il encore, bien en propre, 13,675 églises, dont plus de 40 dans notre seul Nivernais, sans compter nombre de petits autels et de bénitiers qui ne sont pas sans valeur. Ajoutons-y : rue à Nevers, rue à Autun, théâtre et faubourg à Paris, etc., etc. Le père Dieu, son maître, en a-t-il autant pour sa part ? J'en doute.

Notre saint a donc maintenant de quoi vivre à l'aise, et si, jadis, il donna une moitié de son manteau à un pauvre, la part qui lui en reste est assez grande encore pour l'envelopper confortablement. Ne soyons donc pas trop surpris qu'il ait laissé son âne et son métier de régisseur pour devenir un saint conservateur jouissant en paix de ses revenus ; mais c'est lui qui ne prendra pas d'intendants. Il sait ce que ça coûte.

Pendant donc qu'il était aux affaires, c'était à qui implorerait ses grâces et se placerait sous sa haute protection. Les corporations des marchands de vins en gros et en détail, les guerriers, les cavaliers, les tailleurs d'habits, les crieurs publics, les faïenciers, les meuniers, les voyageurs de commerce, les hôteliers prétendaient tous y avoir les meilleurs droits et se disputaient l'honneur de son patronage. Mais ce qui mit le comble à sa gloire et à sa fortune, c'est que nos rois mérovingiens qui connaissaient bien son faible le choisirent non seulement pour leur saint de famille et pour le protecteur de leurs Etats, mais lui accordèrent en outre l'honneur princier de faire frapper monnaie à son effigie.

Brunehaut, en particulier, le combla de biens et avait recours à son intercession dans toutes ses entreprises. Elle fit bâtir un monastère sur l'emplacement même d'un temple renversé par lui à Autun et le dota de terres considérables à Giroles, à Avallon, à Commagny, à Saint-Pierre-le-Moûtier où elle s'était construit une riche villa. Toutes ces donations ne parvinrent pas, néanmoins, à la sauver des griffes de Frédégonde qui croyait beaucoup plus à l'efficacité d'un bon coup de poignard ou d'un poison mortel qu'à la protection des saints. Pour comble de malheur, la race des Carlovingiens trouva moyen de s'accommoder à son tour avec le dispensateur des faveurs célestes, en y mettant le prix, bien entendu.

Les rois de cette race lui firent bâtir, dans leur palais même, un oratoire spécial pour avoir plus près d'eux sa miraculeuse chape, relique d'une vertu sans pareille qui devint, comme on le sait, l'étendard royal de nos armées et fut portée, en cette qualité à la bataille de Vouillé, gagnée par Clovis sur Alaric, en 507. Elle était de couleur bleue, de là le fond d'azur des armes de France, ce qui, en langage héraldique, veut dire : « *Je crois.* »

Rappelons que les Capétiens lui préférèrent la bannière de l'abbaye de Saint-Denis, connue sous le nom d'Oriflamme, qui, malgré ses vertus, n'ayant pu parvenir à nous préserver du funeste désastre d'Azincourt, fut reléguée à son tour dans nos musées.

On sait que nos comtes de Nevers ne dédaignèrent pas de porter le titre de chanoines d'honneur de l'abbaye de Saint-Martin de Tours.

Tout le pays, disais-je donc, fut jadis rempli de la gloire et de la puissance de notre saint. On ne jurait que par lui et on ne manquait pas de l'invoquer dans tous les actes publics ou privés. De là, le terme de Saint Martin fixé comme époque du commencement ou de la fin des locations, honneur que ce saint partage seulement avec son confrère et copain Jean, tous deux allant le plus souvent de pair. Faut-il dire que, là encore, l'Eglise a profité de la coïncidence des fêtes d'automne des Germains avec celle du saint pour faire oublier, suivant la tactique recommandée par le pape saint Grégoire, les traditions du paganisme à l'aide d'usages correspondants ; c'est, du reste, ce qu'on retrouve à chaque pas dans l'établissement de nos fêtes catholiques.

L'innombrable quantité de Martins et de Martines que nous comptons en France, et dans notre Morvan en particulier, n'est guère égalé, en effet, que par celle des Jeans et des Jeannettes, et peut-être aussi un peu, parfois, par celle des Pierres et des Pierrettes qui ne laissent pas que de former une tribu assez considérable.

Il n'est guère de villages se respectant qui ne compte, pour le moins, sa bonne douzaine des uns ou des autres. Il en est de même, comme on peut s'en assurer facilement pour les noms des lieux et c'est ainsi que nous avons, dans notre Nivernais seulement, Dommartin, Saint-Martin-d'Heuille, Saint-Martin-du-Puits, Saint-Martin-du-Tronsec, Saint-Martin-du-Pré, Saint-Martin-de-la-Bretonnière et autres encore que je puis oublier, tous lieux dans lesquels Martin fit miracles, bien entendu.

Pendant qu'on y était, on ne s'arrêta pas en si bon chemin et le nom du saint passa non seulement à des animaux, à des plantes, mais même à des objets inanimés ; c'est ainsi qu'on eut : Martin-Baudet, l'ours Martin, le martin-pêcheur ; le martinet, sorte d'hirondelle de cheminée ; l'oie de saint Martin ou grue, oiseau de passage ; les pierres martines ou pierres des fées ; le grès de saint Martin, énorme polissoir à silex qu'on trouva gisant sur le sol à Assevillers, canton de Chaulnes (Somme).

Dans le Midi et dans les Landes en particulier, on a même conservé l'habitude de donner au bœuf de gauche d'un attelage de labour le nom de Martin, celui de Jean étant réservé au bœuf de droite. Nous pensons que cette habitude provient de ce que le bœuf Martin sert à payer le prix du premier terme de l'année, celui du 11 novembre, dit pour ce terme de saint Martin, tandis que Jean paye l'autre.

Qui ne sait que si une fontaine, avons-nous dit, jaillit de quelque roc sur le sommet de nos montagnes, c'est saint Martin ou un coup de pied de son âne qui l'en a fait sortir. Que si une empreinte ou une cavité quelconque se remarque sur quelque pierre, c'est le pied de saint Martin ou le sabot de son âne qui ont laissé là cette trace de leur passage. Malheureusement, longtemps avant lui, tous nos vieux dieux et leurs montures en avaient fait autant : Woden, le fameux Odin des Germains, paraît même avoir enfourché plus d'une fois la monture légendaire sur laquelle notre saint fendait les airs. C'est donc, en un mot, sur le dos de Martin que toutes les légendes celtiques et germaines se transformèrent en légendes catholiques, et il fut, comme on l'a dit, le creuset dans lequel se fondirent nos anciens cultes. Ainsi, par exemple, en Allemagne, les temples d'Odin devinrent des églises de saint

Martin, comme celles de Thor devinrent des églises de saint Pierre.

Notre Martin se serait donc revêtu de toutes les défroques des anciens dieux, je veux dire que tous ces cultes des pierres, des arbres, des fontaines et autres si chers à nos pères ne firent que se transformer sur le dos de Martin en cultes chrétiens sans que rien y fut changé au fond ni même le plus souvent dans la forme, mais, bien entendu, nous ne sommes plus païens.

Pardon de cette digression, je reviens bien vite à mon rôle de conteur.

La dévotion à saint Martin fut donc telle, jadis, que sa fête devint une des plus grandes fêtes mangeoirés de l'année, partageant avec celles des Rois et du Mardi-Gras le monopole de la bombance dévotieuse de nos pères qui pensaient, non sans raison, que c'est à table qu'on s'entend le mieux avec ses dieux et avec leurs intendants. Plus le dieu est grand, plus on doit manger pour lui faire honneur.

De là tous ces banquets religieux dits saints sacrifices, banquets d'apports pour se rendre favorable le patron de la paroisse ; de là aussi, les banquets de Réveillon en l'honneur du petit Jésus, celui des Rois avec son gâteau symbolique et sa fève électorale, tous ces banquets de baptême, de mariage, de funérailles, etc., etc., sans parler des banquets de première communion, des banquets de confréries, des banquets de tournées épiscopales et du banquet perpétuel de messieurs les curés, dit banquet de l'Adoration perpétuelle ! de là, en un mot, si nous osons mêler le profane au sacré, les banquets de revision, les banquets minisriels, tous si pleins de belles promesses et d'eau bénite... de cour. De là aussi tous les gâteaux sacrés, pétris pour la circonstance, chaque dieu, chaque saint ayant son mets favori, son gâteau spécial, son pain d'épice à ses attributs et à sa ressemblance, ce dont nous recauserons un jour.

Donc, pour honorer le bon saint Martin et pour mieux

gagner ses grâces, on banquetait ferme le jour de sa fête et le lendemain aussi, car il n'est bonne fête sans son lendemain, ni dimanche sans son lundi. On ne manquait pas surtout de manger, à cette occasion, l'oie farcie de châtaignes ou de marrons, engraissée spécialement pour la circonstance, qu'on nomme, aujourd'hui encore, oie de saint Martin ; pour ce qui est de boire, comme dans toute fête sacrée, chacun se comportait de son mieux à preuve le proverbe :

> A la saint Martin,
> Toute vieille boit du vin.

Et cet autre :

> A la saint Martin, bois ton bon vin
> Et laisse l'eau pour le moulin !

Ce qui prouve bien, comme nous l'avons dit plus d'une fois, que les miracles vinicoles de saint Martin, comme ceux de son divin maître, entrèrent pour une large part dans notre conversion et dans l'ardeur de nos pères pour foi nouvelle.

J'en apporte, du reste, pour preuve immédiate un miracle qui eut lieu à Nevers, ou tout à côté du moins, la veille de la fête du saint, en l'an... la date m'échappe, mais cela n'enlève rien à la vérité de notre légende.

C'était au temps, du reste, où nous n'avions ni pont de pierres ni même un simple pont de bois pour traverser la Loire. Un pauvre passeur faisait alors le dur métier de transporter les voyageurs d'une rive à l'autre, et c'était là une rude et peu fructueuse besogne, surtout en hiver.

Or, pas d'argent, pas de fête et, venant celle du grand saint, cette grande fête du peuple en ce temps-là, notre homme allait se trouver sans un rouge liard pour prendre part aux réjouissances communes.

Assis à l'avant de sa barque, notre pauvre batelier regardait tristement couler l'eau en songeant à son malheur, quand l'idée lui vint d'avoir recours au patron de sa confrérie, au grand saint Martin lui-même : « Oh ! très saint Martin, s'écria-t-il, d'un cœur plein de foi et d'angoisses, me laisseras-tu jeûner quand tout le monde va s'attabler ? Envoie-moi au moins de quoi boire en ton honneur à cette solennité sacrée..»

A peine avait-il dit cette prière du plus profond de son cœur, qu'il s'entend appeler sur l'autre rive ; il saisit ses avirons et rame de son mieux pour aller chercher l'unique voyageur qui le hélait ; c'était maigre salaire à gagner pour une grosse peine ; mais bien lui en prit pourtant de se montrer aussi complaisant, car presqu'au moment où il allait toucher la rive, ramenant son passager, un énorme poisson qui prenait ses ébats saute d'un bond hors de l'eau et vient retomber lourdement dans la barque du passeur ébahi.

Au même instant, le voyageur en sort et disparaît.

Inutile de dire que ce passager était saint Martin en personne qui avait bien voulu répondre à l'appel de son pauvre confrère et récompenser sa foi. Le poisson tombé si à point n'était autre qu'un énorme saumon qui fut, sans retard, porté chez le Gertner d'alors et payé un bon prix.

Avec son produit, le passeur put dignement boire pendant tout le reste de la semaine avec les camarades, à la santé du bon saint Martin qui avait si bien exaucé ses vœux et leur conter amplement sa bonne fortune.

Un pareil miracle si digne du grand apôtre lui valut, dit-on, et il y avait de quoi, la riche abbaye dont on vient de démolir les derniers restes à l'heure où j'écris ces lignes et qui a légué son nom à une de nos principales rues.

Peut-on trouver une preuve plus manifeste de la protection spéciale du bon saint pour les bons buveurs, protection qui s'étend même, ai-je dit, jusque sur les bons ivrognes, ainsi que le prouve le proverbe bien connu et confirmé par les faits : « Il y a un dieu pour les ivrognes » et qui dit dieu dit saint Martin, car Dieu qui semblait s'être réservé ce miracle spécial que n'a jamais fait la sainte Vierge, l'a pourtant permis au seul saint Martin, ce qui le met, sans conteste, au-dessus de tous ses confrères? En voici une preuve irrécusable, bien que le fait ne paraisse pas s'être passé chez nous, il nous touche de trop près pour l'omettre.

Or donc, un jour que certain homme de l'abbaye de Tours ou de Nevers, du nom d'Ammonius, avait bu ce dernier verre de trop, celui qui fait perdre l'équilibre aux meilleurs buveurs, et qu'il dégringolait dans un précipice, il invoqua son saint patron. Incontinent celui-ci ralentit sa chute et le déposa doucement à terre avec une simple foulure au pied. Respectables ivrognes que Dieu protège, souvenez-vous donc de saint Martin au bon moment.

Les biographes du bon saint affirment, en outre, que non seulement il renouvela à Milan le miracle de Cana, et nous en reparlerons tout à l'heure, mais que plus d'une fois il remplit de vin les vases que les pélerins déposaient sur son tombeau : aussi, en Angleterre, ce pays où ils n'en ont pas, de ce bon liquide couleur de feu, la veille de la fête du saint, les enfants exposent à l'air des vases remplis d'eau dans l'espoir de les trouver le lendemain matin remplis de vin, ce qui ne manque jamais d'arriver, les parents se chargeant, bien entendu, de l'exécution du miracle, si le saint, trop occupé ailleurs, venait à l'oublier.

CHAPITRE II

SAINT MARTIN CUIRASSIER. — IL COUPE SON MANTEAU EN DEUX
D'UN SEUL COUP DE GLAIVE. — L'ÉTÉ DE SAINT MARTIN.

Maintenant, chers lecteurs, que la réputation de notre saint est bien établie et que nous comprenons les raisons péremptoires qui assurèrent chez nous le triomphe de la religion du Christ et de ses vaillants apôtres, revenons un peu sur nos pas et causons des légendes du saint dans notre Morvan.

Au dire des savants qui ont écrit sa vie et malgré la popularité de son nom dans notre pays, saint Martin ne serait ni Morvandeau ni même Français ; c'est par droit de conquête, et non de naissance, qu'il aurait régné chez nous. Rien là, du reste, qui nous surprenne : longtemps les étrangers furent prophètes dans notre vieille Gaule, et peut-être le sont-ils encore aujourd'hui.

C'est à Sabarie, ville de Pannonie, comme qui dirait aujourd'hui en Autriche, dans le pays des Tudesques, qu'il serait né d'un père tribun militaire qui commandait là une légion romaine d'occupation.

On ne dit rien de sa mère ; je suppose pourtant qu'il en eut une.

Fils de soldat, il eut pour premier culte celui du pantalon garance et s'engagea, tout jeune encore, dans un régiment de cuirassiers dont l'histoire a oublié de nous conserver le numéro, mais qui tenait garnison à Amiens, en Picardie, vers l'an 338 ou 339, au dire des historiens les mieux renseignés à cet égard. C'est à cette heureuse circonstance que nous devons notre première légende, celle de ce doux regain de chaleur qui ne manquait jamais, dans les bons vieux temps de foi et de monarchie, d'arriver chez nous, juste le 11 novembre, pour réchauffer les déménageurs et qu'on a nommé l'été de saint Martin.

L'été de saint Martin, c'est comme qui dirait ce regain de jeunesse qui vient vous réchauffer le cœur et le corps quand, arrivé vers la soixantaine, vous allez piquer votre tête dans les frimas de la vieillesse.

C'est le renouveau qui pousse les vieux garçons et surtout les vieux généraux récalcitrants jusqu'alors, comme feu le maréchal Pélissier, à tâter du conjungo avec quelque mûre jeunesse heureuse de trouver un mari galonné qui la débarrassera du soin de coiffer sainte Catherine. Avant donc d'arriver à ce lamentable état par lequel finissent les roses, avant que, tout catarrheux, nous ne restions au coin du feu, les pieds sur les chenets et la tête enbobinée dans un bonnet de coton, attendant que la marâtre vienne nous cueillir, nous nous croyons, un beau jour, je ne sais par quel miracle, redevenus verts comme à vingt ans et nous ressentons certains frissons de jeunesse qui, courant dans nos veines, nous rendent tout guillerets.

L'été de saint Martin, c'est donc cette quinzaine de douce chaleur que le soleil bienfaisant vient octroyer aux êtres que l'hiver prochain se prépare à congeler et qui ne verront pas reverdir le doux printemps. Comme la pensée, la violette, la primevère qui, croyant au retour du renouveau, tendent leur frais museau sous la verdure pour jouir du dernier rayon du soleil d'automne, nous sourions, une fois encore, aux caresses d'un dernier amour — douce mais courte illusion...

Mais où diable en suis-je ? Serais-je, moi aussi, sous l'influence de l'été de saint Martin ? — Prenons-y garde et retournons bien vite à nos légendes.

Alors donc, que Dieu et ses saints miraclaient à foison,

on pouvait, vers le 11 novembre, en attendant l'hiver, se chauffer le dos pendant une quinzaine aux rayons d'un doux soleil et cueillir la violette sur le vert gazon.

Ce renouveau que les Anglais, que les païens, veux-je dire, ne connaissent pas, nous le devions à M. Saint Martin ; voici comment :

Un beau matin du 11 novembre, alors qu'en sa qualité de simple cuirassier, notre futur saint faisait faction à cheval, à une des portes d'Amiens et que, le glaive au poing, bien encapuchonné dans son manteau d'ordonnance, il faisait son évolution réglementaire autour de sa guérite, vint à passer un de ces chemineaux sans feu ni lieu comme nous en rencontrons trop encore aujourd'hui errant sur nos chemins. Ce pauvre diable, tout transi de froid, n'ayant sur le dos qu'une mauvaise blouse toute trouée, semblait regarder d'un œil d'envie le manteau de notre soldat. Celui-ci, tout pénétré de ce regard de convoitise et de misère, n'en fait ni une ni deux : se dépouillant d'un vêtement superflu, il le coupe en deux du tranchant de son glaive et en donne la bonne moitié au miséreux, acte insigne de tous points, non pas tant peut-être par l'exemple de charité que donnait notre héros qui avait su se garder une part suffisante de son superflu, que par l'adresse incomparable dont il fit preuve à cette occasion. Quel fier coup d'épée, en effet, que celui-là, quand on y réfléchit.

Couper un homme en deux, faire brèche dans une montagne, d'un seul coup d'épée, cela s'est vu, paraît-il, mais trancher en deux un manteau flottant dont on ne tient qu'une extrémité, c'est là un de ces coups de sabre que nos plus habiles escrimeurs n'ont jamais même essayé d'imiter.

Aussi, ai-je bien peur que ce merveilleux acte de charité qui ouvre la vie de notre saint ne soit qu'une première légende et, qui plus est, que cette légende ne soit empruntée au dieu Woden, à ce grand dieu germain, dont nous parlions tout à l'heure, qu'on représente, en effet, toujours à cheval, avec les attributs du glaive et du manteau, ainsi qu'on le fait de notre saint.

N'y aurait-il pas là-dessous quelque symbolisme dont nous avons perdu le sens ? Sans rien affirmer de précis à cet égard, ne pourrions-nous penser, dans tous les cas, que l'acte de notre saint ayant eu lieu en novembre, à l'entrée de l'hiver, à l'époque de cette fête de saint Martin qui « *en deux, coupe les saisons* », le fameux coup d'épée ne ferait que symboliser le départ du chaud et de la froidure, symbolisme, du reste, que nous retrouvons dans la coupe du gui et dans notre fête de la Circoncision qui coupent le cours des ans. Quoiqu'il en soit, de cette légende en est née une autre, celle, avons-nous dit, de l'été de Saint-Martin qui nous donne quelques jours de répit avant la venue de la grosse froidure. Revenons-y bien vite.

Or, on ne badinait pas plus alors qu'aujourd'hui avec les *effets* du gouvernement, et, bien que M. Lecoq de la Marche, un savant homme qui a écrit une très grosse biographie de M. Saint Martin, à un autre point de vue que nous peut-être, ait cherché à établir que, en sa qualité d'engagé volontaire, le cuirassier Martin avait le droit de disposer librement de cette moitié de son vêtement, il n'en est pas moins certain qu'il s'agissait d'un bon cas de conseil de guerre : aussi, et sans plus de formes, le soldat trop bienfaisant fût-il mis au bloc.

Heureusement pour lui que son capitaine était un de ces vieux braves qui, ayant le plus profond respect pour les fils d'archevêques, de généraux, veux-je dire, s'empressa d'arranger paternellement l'affaire.

Notre futur saint en fut donc quitte pour quinze jours de salle de police ; c'était pour rien et, à seule fin de lui apprendre qu'on ne doit faire la charité qu'à ses dépens, vérité d'État que nombre de prodigues budgétivores oublient trop souvent et que le saint clergé catholique paraît avoir rayé de son dictionnaire, Martin fut donc mis à l'ours dans la tenue réglementaire qui n'a guère varié depuis :

pantalon de toile, veste d'écurie, calotte et faux-col à volonté, avec le droit, il est vrai, de s'enfourner jusqu'aux aisselles dans le sac à dist'bution et de s'allonger tout à l'aise sur le matelas en pur cœur de chêne qui n'a rien à voir avec la Compagnie des lits militaires. Faut-il dire que nous en avons tâté, nous aussi, dans notre jeune temps, histoire seulement de savoir à quoi nous en tenir sur l'emploi de la planche de chêne comme moyen de couchage économique.

Mais Dieu n'abandonne pas ses serviteurs et à peine Martin commençait-il à méditer sur les inconvénients de sa bienfaisance que le soleil se mit à lui faire risette par le grillage de la fenêtre du froid local.

Une heure après, il y faisait doux comme dans une serre et cela dura ainsi pendant les quinze jours que notre cuirassier passa au bloc.

La légende ne dit rien des nuits, mais il est probable qu'elles furent non moins douces et embellies de rêves verdoyants. Le chêne même sur lequel reposait le futur saint s'amollit si bien qu'il put se croire couché sur un lit de roses.

Depuis lors, le soleil, pour perpétuer le souvenir de ce miracle, ne manqua jamais de revenir, juste à la même époque, réchauffer les membres engourdis des pauvres soldats à la salle de police et de rappeler ainsi chacun aux devoirs de la bienfaisance.

Tout fier de cette légende qui fait tant d'honneur aux cuirassiers, dont je fus jadis un tantinet, à Dieu et à son saint serviteur, j'allais passer à la recherche d'un autre miracle quand j'appris, chemin faisant, qu'il y avait une autre version, non moins séduisante, mais sans salle de police et sans manteau, de cet été bienfaisant. Happons-la au passage.

Le saint, au dire donc de certains conteurs, ayant beaucoup voyagé et beaucoup prêché pendant la belle saison, avait oublié, comme la cigale de la fable, de rentrer son

foin en temps utile ; aussi, son pauvre âne, ce vaillant serviteur dont tout le monde a entendu parler, courait-il grand
risque de trouver son râtelier vide quand l'hiver serait venu.

Dieu, plus compatissant que la fourmi, eut pitié de Martin-Baudet, et s'empressa de commander à M. le Soleil de
venir réchauffer incontinent la prairie de son cher inten-
dant. Ainsi fit-il, tant et si bien, que notre saint put faucher, dans la quinzaine, une abondante coupe de foin et en
retirer la prébende de son serviteur pour tout son hiver.

De là, cet été de saint Martin qui allait, se perpétuant,
avant les décrets, pour permettre aux bons moines quêteurs
et prêcheurs de faire leur fauchaison et de garnir les râte-
liers de leurs montures quand, venant l'hiver, ils rentraient
au logis.

Des deux légendes, quelle est la bonne ? A vous de choi-
sir, cher lecteur ; pour moi, je les tiens pour aussi véridi-
ques l'une que l'autre, deux miracles valant mieux qu'un
pour assurer les fondements de l'église. Quoiqu'il en soit,
notre futur saint morvandeau, qui s'était sans doute trompé
sur sa vocation militaire, lâcha un beau matin casque et
cuirasses pour prendre la robe de pèlerin et aller courir le
monde à la poursuite du diable et des païens.

CHAPITRE III

SAINT MARTIN SUR LE BEUVRAY. — LA CONDUITE QUE LUI FIRENT NOS PÈRES AVANT DE SE LAISSER CONVERTIR. — LA LÉGENDE DE L'ÉGLANTIER.

Nous ne suivrons pas notre saint dans sa vie errante de prêches et de combats contre le diable avec lequel il eut plus d'une fois maille à partir, mais qu'il força un jour à lui servir de valet ; nous ne parlerons pas davantage de ses pérégrinations à Rome et dans les diverses parties de la Gaule, ce qui nous conduirait trop loin de notre Morvan, d'... s seulement que trente et quelques années après sa ..... à Amiens, nous retrouvons notre cuirassier évêque de Tours, ce qui n'était certes pas un mince avancement, même pour un fils de tribun militaire. Mais ce qui nous intéresse davantage, c'est de le rencontrer, non pas à Tours, évangélisant ses ouailles, mais sur notre Beuvray fort occupé à catéchiser nos pères Eduens qui, chassés de leur ville par les Romains, vivant misérablement au milieu des bois, y conservaient pieusement leur foi et le culte de leurs anciens dieux.

Qu'avaient-ils besoin des dieux de Rome ? Les leurs, tout vaincus qu'ils étaient, avaient-ils démérité et ne les avaient-ils pas, pendant des siècles, conduits à la victoire ? Aussi têtus que bons patriotes, que bons Morvandeaux, allais-je dire, et fort attachés à leur culte et à leur indépendance, ces braves gens commencèrent par montrer les dents à l'apôtre qui ne parlait de rien moins que de raser les vieux hêtres sacrés, ces *Fous* (1) qui couronnaient jadis le sommet de toutes nos montagnes et dont on aperçoit encore quelques bouquets sur le Prenelay, sur la Vieille-Montagne, sur le Beuvray et autres sommets consacrés aux anciens dieux protecteurs du pays.

On assure que ces sortes de bois sacrés servaient, non seulement de temples pour les dieux et d'abris protecteurs pour les tombes de leurs grands prêtres, mais très probablement aussi de guidons et de points de repère pour les voyageurs, ce qui nous paraît fort vraisemblable, et, ce qu'on peut ajouter, c'est que ces bouquets d'arbres vénérés avaient en outre pour raison et pour but de faire l'office de gigantesques paratonnerres, et qu'ils servaient à détourner les orages et à protéger les lieux environnants contre leurs terribles effets. Messieurs les savants commencent, en effet, aujourd'hui, à reconnaître que cette idée de nos pères de boiser les sommets de leurs montagnes, valait peut-être un peu mieux que celle d'invoquer sainte Barbe ou de sonner les cloches pour se préserver de la foudre.

Ces braves Gaulois regardaient surtout, et non sans juste raison peut-être, le hêtre comme un arbre que la foudre épargnait plus souvent que les autres ; aussi en avaient-ils fait une sorte d'arbre sacré. Il est acquis, en effet, aujourd'hui, ou du moins la science commence à admettre que certains arbres aux feuilles pointues et poilues sont, à certaines époques surtout, bons conducteurs de l'électricité qui s'écoule par ces innombrables petites pointes de leurs feuilles, de telle sorte qu'au lieu de l'épouvantable décharge électrique amenée par la jonction de deux électricités de nom contraire qui brisent tout ce qui s'oppose à leur rencontre, il ne reste que des myriades de petites décharges partielles au moyen desquelles la recomposition se fait sans bruit et sans danger. Voici par exemple un torrent qui, grossi par la fonte des neiges, va tout briser, tout dévaster

---

(1) Hêtres.

sur son passage avant d'aller se perdre dans la mer, laissez-lui épancher ses eaux à loisir par mille petits canaux et vous arriverez ainsi à parer, en tout ou en bonne partie au moins, aux plus terribles désastres.

C'est pourquoi nous devrions, comme nos pères, respecter nos vieux arbres, reboiser nos montagnes et les garnir de hêtres, de pins, de châtaigniers, etc., qui pourront être frappés par la foudre, mais qui, dans tous les cas, n'en sauveront pas moins nos toits et nos moissons.

Aussi, en arrachant ces arbres nous montrons-nous plus païens que nos pères, et de même je retrouve la raison d'une autre vieille coutume partant de la même idée et non moins judicieuse.

Jadis, nos gens de campagne ne manquaient guère de placer, en guise de faîtières, sur le sommet de leurs toits de chaume, nombre de mottes de joubarbe, en disant que cette plante préservait du tonnerre. Ils avaient mille fois raison, l'électricité s'écoulant assez facilement, comme je l'ai déjà remarqué, par les pointes de toutes les petites feuilles acérées de la joubarbe, la maison se trouvait, par suite, à l'abri de la foudre.

Mais pardon de cette digression. M. Saint Martin qui, quoique saint, ne connaissait rien aux raisons qui rendaient ces bois sacrés pour nos pères, fut donc d'abord fort mal accueilli par eux quand il leur parla de leurs superstitions et de leur ignorance. — « Pas plus bête que toi, lui dirent-ils irrévérencieusement, nous avons nos croyances et nos dieux, garde les tiens. »

Ce fut bien pis encore quand il prêcha contre le culte des fontaines, contre la déesse Bibracte, le bon génie de leur montagne, la grande guérisseuse de leurs fièvres et autres maux habituels : furieux, ils poursuivirent de leurs huées et de leurs bâtons le malencontreux prédicateur et lui auraient fait un mauvais parti sans sa fugue précipitée. Sautant sur son âne, aussi légendaire que lui, d'un bond, il lui fit franchir la vallée de Malvaux, et échappa ainsi aux

Eduens qui n'entendaient pas raillerie sur leurs dieux et leur foi.

C'est ainsi que le saint ne convertit pas nos pères, quoi qu'on en dise, dans sa première prédication tout au moins, ce dont je suis fier pour eux, soupçonnant bien, du reste, que leur conversion, si conversion il y eut, pourrait bien être due à des moyens autres que ceux de l'emploi de la persuasion. Les statues brisées, les temples renversés ne témoignent-ils pas assez qu'un autre souffle que celui de la parole a passé par là? Ne savons-nous pas, du reste, maintenant comment l'église catholique opéra la conversion des Albigeois, des protestants, etc.? — Mais, n'aurais-je pas causé religion? Revenons vite à notre légende, à celle que je viens d'emprunter aux biographies du saint et à M. Bulliot en particulier, que je me garderai bien de contredire : je dois pourtant noter, en toute sincérité, que ce n'est pas tout à fait ainsi que l'affaire me fut contée par un presque contemporain de la mission du saint sur le Beuvray, par un vieux Bibractien, veux-je dire, qui, né et élevé sur notre montagne sacrée et y bûchonnant, quoique non syndiqué, depuis soixante et dix ans pour le moins, en connaissait toutes les légendes et tous les recoins.

Un jour donc que, comme tout bon Eduen, comme tout bon Morvandeau, veux-je dire, car c'est tout un, je pèlerinais par là, cherchant tout ce qui pouvait me rappeler quelque souvenir des glorieuses luttes de nos pères contre les envahisseurs romains qui, encore aujourd'hui, quoique sous un autre costume, détiennent notre pays, je rencontrai mon brave père Claude, vieil ami de famille, qui se mit bien vite à ma disposition pour me faire les honneurs de sa montagne, la plus brave montagne du monde, me dit-il, et il n'aurait pas fait bon à le contredire. Ne fournissait-elle pas à elle seule tout le bois de chauffage de Paris, autant dire de tout l'univers?

Or sur le sommet, aujourd'hui inhabité, du Beuvray, il y eut jadis, vous le savez, chers lecteurs, une grande ville,

Bibracte, la capitale du pays des Eduens, la sœur et l'émule de Rome, maintenant cachée sous les bois et dont notre ami Garenne, que j'y ai accompagné plus d'une fois, puis M. Bulliot, ont déterré en partie les ruines. Mon brave Claude m'ayant conduit vers ses remparts de terre encore apparents, s'empressa de me faire voir l'emplacement de ses portes et l'endroit où César avait placé ses canons pour la bombarder. Ne vous étonnez pas de ce nom de César dans la bouche d'un Morvandeau qui n'était jamais allé au-delà de Larochemillay et de Glux : César est très connu chez nous et, qui plus est, son nom se retrouve dans plus d'une incantation de nos sorciers. C'était le Napoléon de ce temps-là, et pourquoi n'aurait-il pas eu des canons, tout comme l'autre ?

Tout en causant forêts, César, Bibracte et canons, nous avions pris de l'appétit et il commençait à être grand temps de faire honneur aux provisions que contenait mon bissac ; œufs durs, une bonne tranche de jambon et un bon quartier de pain furent vite déposés sur une verte pelouse auprès de la fontaine qui, bien que portant le nom du saint, ne lui doit ni ses origines, ni les vertus curatives qui lui amènent, aujourd'hui encore, la visite de plus d'un pèlerin. Je vous laisse à penser si nous fîmes honneur à notre repas. Quelle bonne eau, quand elle est arrosée d'un carafon de bon vin et d'un bon café, dûment cognacqué pour en corriger la fraîcheur ; aussi ne suis-je pas surpris qu'elle ait opéré tant de merveilleuses cures... dans son temps. Du reste, faites comme moi, allez-y voir et vous m'en direz des nouvelles. Tout près de là, vous verrez la croix de granit élevée en 1850 par le 27ᵉ congrès archéologique siégeant à Nevers, en l'honneur du passage de notre saint en ce lieu, en 376. C'est écrit dessus, et pourtant ?

Tout en admirant ce monument et en nous restaurant de notre mieux, nous nous mîmes à causer du bon saint et de ce qu'on en disait dans le pays : je trouvai mon brave père Claude aussi ferré là-dessus que sur les canons de César et voici ce qu'il m'en conta, en tout bien, tout honneur ; vous pouvez donc l'en croire :

« Monsieur Saint Martin, me dit-il, était un moine du
« temps jadis qu'on avait envoyé prêcher sur le Beuvray
« où il y avait alors un village peuplé de bûcherons et de
« galvachers. Le moine prêchait des bêtises auxquelles
« on ne comprenait pas bien grand'chose, mais il aimait à
« courir les vachères (je rapporte textuellement).

« Celles-ci, au lieu de l'écouter, se moquaient de lui et
« s'amusaient à le faire courir. La jeunesse aime à se
« divertir et à se moquer. Le vieux malin, dépité de voir
« que ça tournait comme ça et qu'on ne venait même plus
« à ses prières, calcula une affaire pour se revenger.

« Comme il avait grand pouvoir, faut croire, il imagina,
« pour faire un mauvais tour à ces jeunesses qui aimaient
« à ramasser des roses pour les mettre à leur corsage, de
« faire pousser des épines sur les églantiers qui, avant ça,
« n'en portaient pas. On ne pouvait donc plus cueillir une
« rose sans se piquer les doigts.

« Dès qu'on s'aperçut de la chose, on se douta bien que
« c'était le moine qui en était cause et, ma foi, filles et gar-
« çons prirent leurs fourches pour lui faire la conduite. Il
« aurait bien sûr reçu une belle raclée s'il n'avait pas
« eu « une aussi bonne âne » qui l'emporta, d'un coup, de
« l'autre côté de la montagne, vers le Pays-Bas. »

Et pour terminer cette véridique légende de l'églantier rendu épineux par le dépit de M. Saint Martin, dépit que nous constaterons plus d'une fois, disons qu'en se sauvant il avait oublié d'ensorceler un de ces églantiers qui, tous les ans, continue à amener des roses sans épines. La jeune fille qui a le bonheur de le rencontrer et d'en cueillir la première fleur est sûre de se marier dans l'année. Bien entendu, il faut que cette rose soit cueillie le matin, avant le soleil levé, en la cassant, et sans se servir d'un couteau, autrement rien de fait.

Sur ce, pour bien prouver son dire, mon père Claude voulut me reconduire jusqu'au rocher, dit roc du pas de l'âne, où la monture du saint avait laissé l'empreinte de son sabot en *s'embriant* pour faire son grand saut. Mais où s'était-il échoué après ce saut ? Mon père Claude l'ignorait.

La poignée de mains d'adieux donnée, je regagnai mon gîte du soir par la gorge de Malvaux, espérant y trouver quelques traces du passage du fugitif ; peine perdue, j'y rencontrai seulement un très curieux monument celtique, une superbe pyramide de pierre, le clocher, dont nous recauserons peut-être un jour, si ???

CHAPITRE IV

LES CONTES DE SOPHIE. — LE CHAILLOU DE MONTIGNY. — SAINT
MARTIN FAUCHEUR.

Après maintes vaines recherches, je commençais à désespérer de retrouver mon saint, quand, un beau jour, déjeunant à Châtillon-en-Bazois, chez mon excellent ami M. Pierre Ravisy, j'appris, tout en causant, qu'on en avait des nouvelles au logis même et que Sophie, le cordon bleu de la maison en savait long sur son compte.

Mandée immédiatement, elle ne voulut rien dire devant les « monsieurs », gens qui ne croyaient ni aux sorts ni aux prières, mais il y avait là une dame fort de mes amies, Mme E. R..., qui voulut bien se charger de lui délier la langue et de récolter pour moi les légendes qui m'intéressaient si fort. Grâce à elle, et je lui en adresse ici tous mes plus affectueux remerciements, j'appris enfin ce qu'était devenu mon saint après son équipée du Beuvray et bien d'autres choses encore.

« Il y a, lui dit Sophie, dans son pittoresque langage, près de la commune de Montigny-sur-Canne, un gros chaillou (un gros roc, d'où notre mot caillou) sur lequel saint Martin est venu s'échouer après une grande bataille. En tombant, il y a laissé la marque des quatre pieds de son chevau. Une de ces marques est plus creuse que les autres.

On y va en dévotion pour toutes sortes de maladies. Un ancien curé de Montigny, pas content de voir qu'on allait plutôt là qu'à la pierre de son église, envoya une équipe de

carriers pour arracher le chaillou du milieu du champ où
il se trouvait ; mais « a z'ions travaillé, y ne sait pendant
« comben de temps, et à n'y ont ren pu ; plus à creusaint,
« plus la piarre étot grosse. Le curé fut ben forcé de
« renoncer à la piarre et à l'argent qu'al pensot ben en
« retirer ; a n'osa pas la faire casser, tout le monde se
« serait ameuté contre lui et ça lui aurait porté malheur. »

De tout le pays voisin on continue donc à aller en dévotion à la pierre du Chaillou. Sophie y est allée elle-même
et voici textuellement le récit de ce pélerinage : « Ma voi-
« sine m'étant venu demander pour aller chercher la gué-
« rison de son garçon qu'étot fort malade, je sommes
« parties du matin, devant le soleil levé. J'avions pris dans
« not' poche une petite bouteille pour y mettre en chemin
« de l'eau d'un petit ruisseau que j'avions à passer.

« Quand je sons eues vers la pierre, j'avons mis not' eau
« dans le pied du chevau que j'avons ben lavé ; j'ons jeté
« çatte premiere eau, j'en ons remettu de l'autre, puis je
« l'avons ben raugée, ben raugée (1) et je l'avons remettue
« dans la bouteille pour la faire boire au Pierre.

« Je nous sons ensuite mettues à genoux pour faire une
« prière au bon saint Martin. Pendant que je faisions cette
« prière, tout d'en un coup j'avons entendu tousser trois
« fois : heu ! heu ! heu !

« La Louise qu'était avec moi me dit comme ça : « C'est-
« y toi qu'ai toussé, Sophie ? — Non, que je l'y dis, c'est
« pas moi ; je croyons que c'était toi. » Pendant que je cau-
« sions, j'ons encore entendu tousser creux, comme si ça
« sortait de dessous la pierre.

« Alors la Louise s'est *foutue* à crier : « Allons-nous-en
« vite, Sophie, y ai pu ren à faire, mon gars a va mouri, all'
« est poitrinaire. » Là-dessus, j'avons mis des sous dans le
« pied du chevau et je nous en sons revenues de not' pied.
« Le gars Pierre est mouru quéque temps après. »

---

(1) *Rauger :* Expression nivernaise qui signifie : *remuer.*

Ainsi dit Sophie, mais ce n'est pas tout. Mᵐᵉ R... put encore, en la mettant bien sur son train, lui faire conter la légende suivante qui n'est pas moins intéressante que les précédentes et que nous appellerons la légende de saint Martin, faucheur ; je la traduis en partie, pour la rendre plus facile à comprendre.

Au temps du saint Martin, il y avait, dans le pays, de grands prés communaux où chacun prenait de foin ce qu'il pouvait en faucher en un jour. Une pauve femme veuve, d'un village près de Montigny, y avait son droit comme les autres, mais comme elle n'avait plus son homme et que chacun travaillait pour soi, elle ne trouvait personne pour faucher sa part.

Saint Martin, qui se promenait par là, habillé en chetit ouvrier, passa devant la porte de la pauvre femme qui, voyant le soleil monter, commençait à désespérer et disait tout haut son chagrin. Le bon saint, sans se nommer, lui propose de la tirer d'embarras et de faucher pour elle. On fait marché et la bonne femme apporte vite à l'ouvrier le vieux dard de son mari en lui disant de ne pas perdre de temps pour se mettre à l'ouvrage.

Mais saint Martin ne paraît pas pressé. Il tourne et retourne le vieux dard et le trouve mal emmanché : « Bonne femme, dit-il, le manche de votre dard est trop court, il en faudrait un un peu plus long, et puis il ne coupe pas, il faut que je le batte ». La pauvre femme se désole, voyant que le soleil approche déjà du midi, et se dit qu'elle a trouvé là un bien mauvais ouvrier. Elle tâche pourtant de ne pas le mécontenter et lui apporte l'enclume à battre les dards. Saint Martin frappe doucement, sans se presser ; puis le dard, une fois bien battu, il demande à boire un coup ; une fois rafraîchi, le voilà qui prend la grande perche du char et qu'il emmanche son dard avec. Au moment de partir, il se ravise et dit : « Bonne femme, il faut que je mange la soupe avant de m'en aller ». La pauvre femme lève les bras au ciel : « Ah quel malheur ! s'écrie-t-elle, il a bu, il va manger ma soupe et il ne coupera pas mon foin ».

Enfin, la soupe est faite et mangée, et voilà saint Martin qui, avec sa grande perche sur l'épaule, s'en va vers les autres faucheurs qui se mettent à rire, fallait voir. Qui pourrait donc faucher avec un dard emmanché comme ça? Mais voilà que le saint se met en place et à chaque coup de dard, il en met à bas deux fois large comme la route.

« Ah ! y va tout couper not' foin », disent les faucheurs qui ne rient plus du tout. Il y en a un qui dit comme ça : « Donnez-moi tous vos enclumes, je m'en vais les planter là et nous arrêterons bien son dard. »

Mais ça ne servit à rien, et, chaque fois que le dard du faucheur rencontrait une enclume, il disait comme ça : « Coupe rondément », et ça coupait les enclumes comme des radis noirs.

Quand les autres virent ça, ils se dirent entre eux : « N'y a qu'un moyen de l'arrêter, c'est d'aller queri (quérir, chercher) le sorcier pour qu'il l'y « *foute la drille*», sauf le respect de la compagnie ». Mais le saint Martin était un malin. Il quitte vitement sa chemise, il prend une aiguille et brament il a coudu la braie (la braguette, le devant) de sa chemise avec le cul (avec le pan) et puis après, il laisse faire le sorcier qui ne pouvait plus rien sur lui.

Au soleil couché, il en avait fauché plus que tous les autres ensemble dans toute leur journée et la pauvre veuve eut ainsi presque tout le pré pour sa part. Puis, toute l'herbe étant fauchée, saint Martin enlève d'un coup d'épaule le toit de la grange, charge tout le foin sur sa grande perche et remet le toit en place. Ça fait, il souhaite le bonjour à la veuve, qui ne pouvait débâiller tant elle se trouvait interloquée, et il disparaît sans qu'on sache par où il était passé.

Sophie ayant certifié que la chose s'était ainsi passée, nous n'avons rien à y redire. Une seule inquiétude me restait, c'est que saint Martin était parti du Beuvray sur son âne et que je le retrouvais à Montigny, comme plus tard à Sémelin, monté sur un *chevau*. Comment accorder ces deux versions? Tout au plus en admettant que cette monture était un mulet? Bien que la chose eût peu d'importance en soi, comme je tenais néanmoins à la tirer au clair dans l'intérêt de la vérité, je me remis derechef en route comptant, cette fois encore, que quelque hasard heureux me permettrait de retrouver le mot de l'énigme.

CHAPITRE V

SAINT MARTIN A VILLAPOURÇON. — COMMENT IL PERDIT SON ANE AU JEU POUR UN POINT, — MARTIN-BAUDET. — SAINT MARTIN A SÉMELIN. — COMMENT IL PERDIT UN PARI AVEC UN CONFRÈRE. — L'OURS A MARTIN. — SAINT MARTIN A CLAMECY. — LES TRUANDS GUÉRIS MALGRÉ EUX.

Cette fois encore, la chance qui ne manque jamais d'être favorable à ceux qui ne doutent pas d'elle me servit à souhait, et non seulement elle me permit de retrouver le mot de l'énigme du changement en un *cheoau* de la monture proverbiale de notre saint, mais encore la raison du proverbe bien connu : « Pour un point, Martin perdit son âne ».

Après sa fugue du Beuvray, notre saint était venu s'échouer, non pas tout d'abord à Montigny, mais bien à Villapourçon où on montre encore une sorte de tanière qui a conservé le nom de « Maison de Saint Martin ».

C'est là qu'il s'était réfugié et qu'il avait fait connaissance avec le meunier de Fragny dont la famille a continué à exploiter le moulin qui existait déjà dans ce temps-là. Le fait est véridique puisqu'il m'a été conté tout en déjeunant par feu mon excellent ami M. C..., alors maire du pays, qui en connaissait à fond toutes les légendes.

Or, tout meunier aime à boire et à jouer, ce n'est pas un reproche que je leur adresse, tout au contraire ; il faut bien faire descendre la poussière de farine qui s'arrête dans le gosier, et il est bon de se tenir éveillé pendant que le grain passe : une bonne bouteille et une partie de cartes ne sont pas de trop alors.

Saint Martin, en sa qualité de vieux soldat, ne dédaignait ni le vin ni les cartes ; aussi, tout en catéchisant son meunier, faisait-il force parties avec lui. Un jour qu'il avait tout perdu, comme saint Blaise, il joua son âne dans l'espoir de se rattraper et... il le perdit, pour un point. D'où le proverbe si connu qui n'a jamais empêché un joueur de jouer jusqu'à son dernier sou ; d'où aussi le nom de Martin-Baudet, c'est-à-dire de baudet à Martin, donné par suite aux ânes des meuniers ; l'âne de Martin, ayant été chargé dès lors de porter la fournée aux pratiques ; d'où aussi le patronage de saint Martin pour les meuniers.

Le bon saint, du reste, était alors évêque de Tours, ainsi qu'on le sait. Il eut bientôt trouvé moyen de faire venir de l'argent de chez lui, et, cette fois, au lieu d'un âne, il acheta un bon cheval morvandeau avec lequel il recommença de nouvelles pérégrinations dans lesquelles il ne nous est pas toujours facile de le suivre.

A force de recherches, je finis pourtant par le retrouver à Sémelin, commune de Mont-et-Marré, où il eut une autre aventure qui montre combien, quoique saint, il se dépitait facilement, ce qui se rapporte exactement avec ce que m'en avait dit le brave père Claude. Bien que cette légende ait déjà été rapportée ailleurs, je la donne comme l'ayant récoltée sur lieu dans une de mes excursions à travers le pays morvandeau que j'ai parcouru, moi aussi, dans tous les sens, pour en rechercher l'histoire et y porter la bonne parole.

Un jour donc que notre bon saint se trouvait à Sémelin, me dit-on, en compagnie d'un confrère en apostolat, dont on a oublié le nom, et que tous deux faisaient leur partie en buvant un coup, ils se prirent de querelle au sujet du patronage d'une église qu'on construisait alors à Mont-et-Marré. Chacun prétendait, comme tout bon curé, y avoir plus de droits que son confrère.

Pour accorder l'affaire, il fut convenu que l'église appartiendrait à celui qui, le lendemain matin, en aurait fait le premier le tour à cheval.

Au soleil levé, saint Martin part de Sémelin, mais quand

il arrive à Mont-et-Marré, il voit son confrère qui achevait son tour. Furieux de n'être pas arrivé à l'heure, il donne un coup d'éperon à son cheval qui, en partant, laisse sur une pierre l'empreinte de ses quatre fers et s'en va retomber à Montigny ou nous l'avons retrouvé tout à l'heure.

Le bon saint, du reste, fit de si nombreux voyages dans notre Morvan et y eut tant d'aventures avant de convertir nos pères qui, plus d'une fois, lui firent la chasse, qu'il n'est pas toujours facile de le suivre dans toutes ses excursions. Il voulait les convertir à ses dieux, nos pères défendaient les leurs et leur patrie contre les envahisseurs de Rome, et nous nous garderions bien de les en blâmer; nous soupçonnons même notre saint de n'avoir pas été toujours aussi bon apôtre qu'on veut bien le dire ; mais revenons à nos légendes.

Le Morvan, au dire des historiens, était à l'époque où le parcourut notre saint et par suite des guerres et invasions qui avaient ruiné notre vieille Gaule, un pays des plus sauvages où les ours s'ébaudissaient alors à plaisir. C'est du moins ce qu'écrit Venance Fortunat, un poète, ami de Grégoire de Tours, qui vécut vers la fin du sixième siècle et composa, en vers, une vie de saint Martin dont l'intercession l'avait guéri du mal d'yeux.

Un jour que le saint se trouvait du côté de Sommant (1) où il y a une montagne qui, aujourd'hui encore, porte le nom de montagne des Ours, un de ces féroces animaux, sans respect pour le ministre de Dieu, mangea l'âne qui portait les bagages du saint. Celui-ci, avisé du délit, ordonna à l'ours de venir immédiatement prendre la charge de l'âne.

L'ours, incontinent subjugué par la puissance divine, reçut les bagages et accompagna dès lors, dans toutes ses tournées, le saint qui, comme on le pense bien, en acquit tout le respect qu'on accordait alors à un dompteur d'ours. L'animal féroce, devenu portefaix et valet soumis, fut

---

(1) Sommant, commune de l'arrondissement d'Autun (Saône-et-Loire), canton de Lucenay.

nommé l'ours à Martin, et, de là, le nom d'Ours-Martin donné à ces ours muselés que font danser, bâton en mains, leurs conducteurs pyrénéens. Je ne jurerais pas que le nom de Martin-Bâton ne vienne aussi de là.

Encore une, si vous n'êtes pas trop las, cher lecteur. Notre saint voyagea donc beaucoup dans le Morvan. On dit qu'il vint à Chiddes, à Millay où on le prit pour saint Maurice, à Luzy, à Onlay, etc., etc.

Pendant ces voyages, il fit tant et tant de miracles, marqua si bien ses pas sur tous nos rochers que sa réputation s'en allait grandissant partout.

Un jour que, précédé du bruit que faisaient tous ses miracles, il avait annoncé qu'il irait à Clamecy, tout le monde s'empressa de se porter au devant de lui. Il n'en fut pas de même des éclopés du pays, de tous ces truands qui vivaient grassement de la charité publique en étalant leurs plaies. Craignant que le saint ne fît miracle sur eux et ne leur rendit la validité de leurs membres, ce qui les forcerait à abandonner leur peu fatigante mais lucrative profession de mendiants pour gagner leur vie en travaillant, ils s'empressèrent de s'enfuir par la porte opposée à celle par laquelle le saint devait arriver. Mais ils n'étaient pas si éloignés que la grâce du grand guérisseur ne put les rattrapper, et tous, malgré leur fugue, furent incontinent miraclés et guéris à leur grand désespoir et durent se mettre au travail pour gagner leur vie.

On ne put, après un aussi grand miracle, faire autrement que de bâtir une chapelle, puis une église pour perpétuer le souvenir de cette guérison forcée. Malheureusement, le miracle en resta là, ne s'étendit pas, veux-je dire, à la postérité de tous ces honnêtes fuyards qui sont toujours aussi nombreux à Clamecy que partout ailleurs, ce qui me fait songer que si le monument existe et que si même, ainsi qu'on me l'a rapporté, il s'y trouve encore un lambeau du manteau du saint, l'esprit et les grâces du grand miracleur n'y sont plus guère que de nom.

CHAPITRE VI

LA LÉGENDE DE LA SOURCE DU PAS DE L'ANE

De tous les légendaires miracles par lesquels notre saint a marqué son passage dans notre Morvan, il en est un plus légendaire encore que tous les autres si on peut le dire et qui va se répétant par tous nos échos, c'est celui d'une source jaillissant d'un roc sous le pas de son âne et c'est peut-être par celui-là que j'aurais dû commencer, mais comme toutes nos fontaines s'attribuent l'honneur d'une si noble origine, il m'est impossible de prendre parti pour l'une plutôt que pour l'autre. Je dois pourtant dire, à mon grand regret et malgré nos conteurs, que ce n'est pas sur le Beuvray qu'il eut lieu, notre Bibracte existant depuis longtemps avant le passage du saint et sa fontaine étant déjà en vénération alors. Sans doute, Martin ne fit-il, comme nous, que se rafraîchir à ses eaux salutaires et la rebaptiser.

Dans tous les cas, voici comment on conte, un peu partout, ce miracle aquatique :

Un jour que M. Saint Martin se trouvait sur une montagne aride et qu'il était bien las, bien las, ainsi que son âne, venant sans doute d'échapper à quelque poursuite des païens, il s'assit sur un rocher et se mit en prières. Pendant ce temps, notre âne tirait la langue et frappait le rocher du pied. Tout d'un coup, il se mit à sursauter comme s'il eut été menacé de s'embourber dans quelque trou fangeux. En effet, un de ses pieds, la légende ne dit pas lequel, malheureusement, venait de s'enfoncer dans le rocher et il avait peine à l'en arracher.

Puis, tout à coup, une eau bien fraîche et bien limpide se mit à jaillir et à couler abondamment sur les flancs de la montagne qui, en quelques instants, fut couverte d'une herbe verdoyante. Le saint et sa monture purent donc se rafraîchir et se reposer à l'aise sur une tendre pelouse pour y oublier leurs fatigues. Mais ce n'est pas tout, cette source miraculeuse reçut en même temps le don de guérir des fièvres, des maux d'yeux et de bien d'autres maladies encore. Seulement, pour que la guérison puisse s'opérer convenablement, il convient de jeter un sou pour le moins dans la fontaine qui devient ainsi un vrai tronc. Ce sou est pour les pauvres, et le premier qui vient à le ramasser prend la fièvre de celui qui l'a jeté si généreusement en offrande au bon saint. Il n'y a pas de mal à cela, tout au contraire, c'est charité chrétienne que de passer sa fièvre à un pauvre.

On prétend pourtant que depuis que le monde est devenu si *cheti* et que la religion va se perdant, le miracle ne se fait plus.

Oserai-je dire que ce miracle, comme les autres, est malheureusement renouvelé des Grecs et des Romains dont les dieux l'exécutèrent maintes et maintes fois.

Énée et ses compagnons, entre autres, se trouvant un jour dans la même situation que notre Martin, une source abondante se mit à jaillir sur la prière du pieux Énée.

Bayard, le fameux cheval des quatre fils Aymon, qui faisait des bonds si prodigieux sur les rocs les plus escarpés en entreperça un d'un coup d'un de ses sabots et en fit jaillir une source des plus abondantes.

Pour terminer l'histoire de ce grand miracle et de celui de la fontaine du Beuvray, rapportons une petite historiette que me conte un de mes amis le docteur S... Les membres de la Société nivernaise, ayant fait une excursion sur le Beuvray, y furent reçus par leurs collègues de la Société éduenne, dont M. Rossigneux, alors professeur, si je ne me trompe, au collège d'Autun, poète à ses heures, qui leur adressa le galant couplet suivant :

> Sur la montagne légendaire,
> Le miracle pousse à foison ;
> Dumnorix y bâtit son aire,
> Dont César a fait sa maison.
> De saint Martin, dans un autre âge,
> L'âne y laissa, dit-on, l'empreinte de son pié.
> De nos jours, sous le pas d'un aéropage,
> Le miracle s'est multiplié.

Je devrais m'arrêter là, mais, en relisant la vie du saint, j'ai retrouvé de lui un autre si grand miracle que, bien qu'il me touche par notre Beuvray, je vous demande pourtant la permission de vous en dire quelques mots.

Les conteurs sont bavards et quand ils sont là, au coin du feu, disant leurs vieilles histoires, ils ne s'arrêtent que lorsque tous les auditeurs ronflent autour d'eux. Passez-moi donc encore celui-là.

CHAPITRE VII

SAINT MARTIN FABRICANT DE VIN. — LE MIRACLE DE MILAN.

Faire jaillir d'un roc une source vive fut, à coup sûr, dans son temps, un miracle des plus mirifiques, entré aujourd'hui, comme tant d'autres, dans le domaine commun, à preuve, nos puits de Grenelle et tant d'autres puits artésiens qui fécondent même nos déserts africains ; mais convertir en vrai vin, sorti du jus de la treille, cette eau pure, ne surpasse-t-il pas encore en pouvoir magique, si possible, ce miracle de la fontaine jaillissante. Il est vrai, me dira-t-on, que la recette de celui-là, elle aussi, est connue de tous et que le premier venu des mastroquets possède la manière de s'en servir.

Quoiqu'il en soit, Dieu ne voulut tout d'abord en confier le secret qu'à un autre lui-même pour bien en marquer la mission divine et asseoir ainsi la véritable Église sur des fondements inébranlables.

Saint Martin obtint à son tour, après Jésus, le don de ce précieux secret qui, depuis, disons-nous, s'est transmis de saints en saints et même en pas saints jusqu'à nos jours où tout le monde le possède.

Bien que le fait ne se soit pas passé en Morvan, il nous touche pourtant de si près et il est une preuve si tangible de notre vieille et constante amitié pour l'Italie, que je ne saurais le passer sous silence. Ne vaut-il pas plus, du reste, pour sanctionner une alliance qui devrait être indissoluble entre nous, que le sang versé sur tous les champs de bataille?

Or donc, en l'an 380 ou environ, la gelée avait été telle dans le Milanais que pas un seul bourgeon du divin cep n'en avait réchappé. Pour comble de misères, la guerre aidant, tous les tonneaux mis en réserve se trouvaient vides et il devenait impossible, même à prix d'or, de se procurer un seul verre du précieux liquide sans lequel un prêtre ne peut dire la sainte messe. Or, plus de messes, plus de sacrifices divins, plus d'âmes arrachées au purgatoire. Milanais et Milanaises allaient donc courir le risque de voir leurs peines se perpétuer éternellement, et puis, comment chanter matines avec un gosier sec?

L'évêque de Milan, justement inquiet d'une disette qui pouvait avoir d'aussi terribles conséquences pour ses paroissiens, et ne comptant, ni sur lui-même ni sur le pape pour y remédier, les papes, quoique saints, n'ayant pas pour habitude, on ne sait pourquoi, de faire des miracles, de leur vivant, tout au moins, pensa que saint Martin seul pouvait le tirer de ce mauvais pas.

En conséquence, il lui expédia deux de ses meilleurs moines chargés d'implorer son assistance dans une si cruelle affliction.

Les révérends pères, ayant fait bonne route, s'empressèrent, dès leur arrivée à Tours, d'aller se jeter aux pieds du saint évêque Martin et de lui exposer l'objet de leur mission.

Celui-ci, après les avoir convenablement réconfortés, les conduisit vers sa vigne qui se trouvait encore garnie de bons et jaunes raisins. En ayant détaché quatre ou cinq grappes, mais des plus petites, ce qui fit croire aux bons moines que le saint était bien avare de ses dons, il les leur remit en leur ordonnant de les porter en toute diligence à son confrère de Milan. Il leur donna en même temps une lettre apostolique, revêtue de son sceau, dans laquelle il recommandait à ce confrère de réunir, dès la réception de

la présente, autant de tonneaux et des plus grands bien
entendu, qu'il y aurait de grains dans les raisins qu'il lui
envoyait, puis de faire remplir ces tonneaux de l'eau la
plus pure et la plus limpide du pays : ceci fait, il n'aurait
plus qu'à jeter, dans chacun de ces tonneaux, un grain
seulement des grappes apportées par les moines. L'ordre
donné par saint Martin fut exécuté de point en point. Or, à
peine le miraculeux grain était-il entré dans le tonneau qui
lui était destiné, que l'eau se mit à fermenter et se convertit instantanément en excellent vin blanc :

> Comme fut un vin blanc d'Auxerre,
> Ou d'Issoudun ou de Sancerre.

a dit un poète qui a chanté les louanges comme il conve-
nait de notre grand saint.

On comprendra maintenant pourquoi saint Martin
n'avait envoyé que quatre ou cinq grappes seulement de
son raisin. Il y avait là amplement de quoi faire une cin-
quantaine de barriques de vin pour le moins. En en
envoyant davantage, il avait craint, sans nul doute, qu'étant
donné le goût bien connu du clergé, italien s'entend, pour
le vin de messe, tous les prêtres du diocèse ne se missent à
en dire trop d'un coup pour regagner le temps perdu.

Inutile d'insister sur l'incomparable grandeur de ce miracle qui défie tous les droits d'octroi, de régie et autres, et
réduit si sensiblement tous les frais de transport du vin.

Rappelons à ce propos que le miracle encore plus grand
au moyen duquel le vin d'autel devient du pur sang humain,
le véritable sang de Jésus, n'était pas inconnu des anciens.
Je le retrouve en relisant mon Virgile, ce qui m'arrive
encore de temps à autre ; il est relaté dans l'épisode de la
mort de l'infortunée Didon, alors qu'en offrant aux dieux un
sacrifice, elle s'aperçoit que la liqueur qu'elle vient de
répandre sur l'autel s'est changée en un affreux sang.

« *Fusa que in obcenum se vertere vina cruorem* ». — Le

saint sacrifice de la messe aurait-il donc été connu des païens ?

Rien donc de nouveau sous le soleil, pas même le fameux conte de Jonas l'avalé, dont nous reparlerons en temps et lieu. Mais je termine en conseillant tout simplement aux bons moines de ne pas trop aimer « le sang du Christ ».

Et maintenant, allez-vous me dire, tous ces miracles sont-ils vrais ? Mais, bien certainement ; ils le furent... dans leur temps. Nos conteurs ne mentent jamais, demandez plutôt à nos curés.

Lucien GUENEAU.

LE BON SAINT GENGOUX

LA LÉGENDE DE SAINT GENGOUX — SA FONTAINE MIRACU-
LEUSE. — SON GRAND REGISTRE DES MARIS..... — LA
SAINTE.

Nous sommes trop près du Beuvray pour le quitter si promptement : causons donc de saint Gengoux qui, sans être un aussi grand saint que son voisin Martin, n'en a pas moins les titres les plus sérieux à ce que nous nous occupions de lui.

Dans la riante vallée de la Séglise, à dix kilomètres environ et au nord-est de Luzy, un peu avant d'arriver à Larochemillay, on aperçoit à sa gauche, penchée sur les flancs d'un coteau boisé, une vieille église dont le clocher en ruines émerge au-dessus de deux ou trois vieilles masures qui se cachent dans la feuillée. Arrête-toi, voyageur, et salue : c'est là *Saint-Gengoux*. Ce nom seul en dit assez.

Ce modeste hameau, autrefois paroisse, jouit en effet d'une renommée mystérieuse qui le dispute à celle du Beuvray, notre montagne sainte dont tout Morvandeau ne prononce le nom qu'avec une sorte de mystérieux respect.

Aussi, cher lecteur, tout en grimpant pas à pas la longue et rude côte de la *Gravelle* qui n'a pas volé son nom, laissez-moi vous causer de ce qu'on conte chez nous des mystères de ce lieu célèbre, de sa fontaine miraculeuse, de son grand livre et de sa sainte dont le nom n'est connu que de Dieu seul.

Et d'abord, qu'est-ce que saint Gengoux? *Genulphus* ou saint Genou, comme on le nomme encore, est un saint de haut renom et de grande capacité qui doit à ses infortunes conjugales d'avoir été choisi pour le patron des maris... Voyons, le nom m'échappe, mais vous le retrouverez sans peine, car il est des plus français, du reste.

Au dire des historiens, ce saint vivait du temps de Pépin-le-Bref, dans le pays de Langres. Dès son jeune âge, il était déjà d'une douceur angélique et manifestait des sentiments de chasteté tels qu'il fermait les yeux en prenant le sein de sa nourrice. Ses parents voulurent néanmoins en faire un guerrier et, qui plus est, le marier. Comme Martin, il porta donc tout d'abord le casque et l'épée et, qui plus est, il prit femme.

Ses hautes vertus attirèrent alors sur lui l'attention de Dieu qui lui accorda le don de guérir des gouttes, de préserver les moutons de la clavelée et autres maladies auxquelles ces doux animaux sont trop souvent sujets. On affirme aussi qu'il obtint le pouvoir de rendre la vue aux aveugles, de faire marcher les paralytiques, de redresser les bossus, tout en guérissant du mal de dents. Il exécutait, en un mot, tout ce qui concerne le métier d'un saint bien appris.

Mais sa femme, qui eût préféré sans doute le voir se livrer à des occupations plus maritales le laissant à ses affaires, s'empressa de chercher hors du logis des distractions plus humaines. Peu à peu, elle poussa même le cynisme jusqu'à se moquer des miracles, de ce trop pieux mari et finit par lui rendre la vie des plus insupportables.

Un jour qu'elle était d'humeur plus que folâtre, ne lui vint-il pas en tête de dire : « Puisque tu fais tant de miracles, fais donc que mon c... chante. »

A peine avait-elle dit qu'elle fut pleinement exaucée et, dès lors, elle ne put dire un seul mot sans qu'incontinent son c... ne se mit à chanter en basse taille ou en baryton.

Au lieu de demander pardon à Dieu et de chercher à se

corriger de ses vices, cette affreuse mégère n'en continua que de plus belle sa vie de débauches et fit tant et si bien que son malheureux mari, à bout de patience, prit le parti de quitter le pays sans mot dire et d'aller exercer en paix son métier de saint dans quelque lieu ignoré.

Arrivé dans les environs de Guebvillers, vers un frais vallon qui porte aujourd'ui son nom, il fut pris d'une grande soif. Ayant aperçu un laboureur qui amenait de l'eau d'une source voisine pour en arroser son pré, il lui demanda combien il voulait de sa source. Celui-ci répondit, en se moquant qu'il la lui donnait pour cent écus s'il voulait l'emporter. Il ne pensait pas si bien dire, car le saint, plongeant son bâton de voyage dans l'eau, la source vint s'y loger toute entière sans qu'il en restât une seule goutte au dehors. Ceci fait, notre saint jeta au paysan ébahi les cent écus demandés et continua sa course du côté de la Bourgogne.

Là, ayant fait choix du lieu où il voulait fixer sa demeure, il y planta son bâton. Immédiatement la source en sortit et se creusa une belle fontaine dont les eaux bienfaisantes n'ont cessé depuis lors de faire miracle au nom du saint et de féconder ce pays jusqu'alors presque stérile.

Certains historiens prétendent que c'est à Saint-Gengoux-le-Royal que ce miracle eut lieu et que c'est là que le saint bâtit son ermitage. D'autres villages, et il y en a un assez grand nombre qui portent aujourd'hui ce nom vénéré, revendiquent également pour eux ce même honneur, mais, et j'en suis bien marri pour eux, la suite de notre histoire va démontrer péremptoirement qu'il n'y a qu'un seul vrai saint Gengoux, le nôtre, et qu'une seule vraie fontaine apportée par le saint, la nôtre.

Notre saint, donc, vivait heureux dans une modeste cabane, près de sa chère fontaine et espérait y finir ses jours en se livrant à ses goûts favoris pour la confection de miracles les plus variés, mais, hélas ! c'était faire son propre malheur car sa réputation de sainteté grandissant de jour en jour, le bruit en vint finalement aux oreilles de son infidèle épouse. Faisant la repentie, elle vint le retrouver dans le lieu de sa retraite et ayant obtenu de lui d'être débarrassée de l'incontinence de langage qui la gênait dans ses débauches, elle le fit assassiner par un amant qu'elle avait amené avec elle.

C'est en raison d'une si profonde infortune que Dieu résolut d'en faire le patron des maris malheureux en ménage et de lui donner charge d'en former une confrérie toute spéciale dont il tiendrait registre, ce qui ne doit pas être, disent certaines mauvaises langues, une mince besogne.

Or, tout le monde sait, chez nous, que c'est à notre Saint-Gengoux même que se trouve ce livre incomparable, unique dans le monde, sur lequel une main mystérieuse inscrit chaque jour les noms des maris qui viennent d'acquérir des droits sérieux à faire partie de cette bienheureuse confrérie dont on ne peut dire qu'elle compte beaucoup d'appelés mais peu d'élus.

Bien entendu, chers lecteurs et chères lectrices, nous y sommes tous inéligibles.

On dit chez nous que les gardiens de ce grand livre qui serait placé dans quelque recoin mystérieux de la chapelle du saint, derrière l'autel, se le transmettent de génération en génération et qu'il est toujours soigneusement tenu au courant. Aussi, il n'est jamais noce au pays sans qu'on ne conte à ce sujet quelques-unes de ces bonnes histoires dont nos pères étaient si friands et qu'on ne dise : en voilà encore un de plus pour le grand livre de saint Gengoux.

Donc, puisque nous possédons le livre, nous devons posséder le saint, et notre fontaine est bien celle qu'il apporta dans son bâton de voyage.

Une autre preuve encore de notre droit, et celle-là est des plus historiques, c'est que saint Gengoux qui fut bien un vrai personnage en chair et en os, donna, en 870, la terre de Sardolles aux Bénédictins de Saint-Genest de Nevers, qui se flattaient, en outre, de posséder son vrai chef, sa tête, veux-je dire, relique certainement des plus curieuses sur laquelle on a dû vérifier sans doute, d'une façon sûre et certaine, s'il est bien véridique que certaines infortunes conjugales vous fassent pousser ces appendices anormaux, réservés d'ordinaire aux seuls ruminants.

Aussi notre fontaine continua-t-elle à faire miracle après la mort du saint. Les pélerins y accoururent en foule, on y bâtit une chapelle, et un hameau s'éleva bientôt sur ce lieu à jamais sanctifié par de si grandes infortunes.

Depuis lors, chaque année, au jour de la fête du pauvre martyr, le 11 de mai, on se rend de tout le pays voisin en pélerinage près de la fontaine vénérée pour demander à Dieu, par l'intercession du saint, de protéger nos moutons contre la clavelée, les mauvais sorts et autres maléfices des méchants esprits et des sorciers.

Quels rapports, me direz-vous, peut-il bien y avoir entre la clavelée et nos malheurs conjugaux? C'est là haute question religieuse que je me garderai bien de traiter. Tout au plus pourrais-je dire que notre saint fait ainsi une désastreuse concurrence à son confrère saint Mamer qui opère aussi dans la même spécialité et dont la fête tombe juste le même jour, et que les deux pourraient bien ne faire qu'un seul et même miracleur. Très probablement aussi y a-t-il quelque vieux dieu là-dessous; mais, pour plus de sûreté, allez demander ce qu'il en est à M. le curé de Larochemillay qui vient, ce jour-là, dire une messe solennelle dans la chapelle et qui engrange pieusement les toisons, l'avoine, l'orge, les œuvres, les étoupes et autres offrandes que ne manquent pas de lui apporter les pélerins qui les déposent sur l'autel, pour les remettre à Dieu bien entendu.

La messe dite et les vœux acquittés, les pélerins, je devrais plutôt dire les pélerines, car ce sont surtout nos ménagères, conservatrices des vieilles coutumes, qui assistent à cette cérémonie, viennent s'asseoir sur les bords de la fontaine et y prendre le symbolique repas d'œufs durs qui fait, comme on le sait, le fond du menu de tous les pèlerinages, soit au Beuvray, soit ailleurs.

L'œuf dur, et peut-être l'ai-je déjà dit, outre qu'il est peu coûteux et d'un transport facile, possède des vertus à nulles autres pareilles dans nombre de cas et aucun autre mets ne saurait le remplacer à ces fêtes champêtres.

Tout en épluchant les œufs et en buvant largement de l'eau de la fontaine sacrée, on cause, bien entendu, du grand livre et des nouveaux inscrits, puis on raconte tout bas aux nouveaux venus la légende de la *Sainte* — on ne lui connait pas d'autre nom — dont on voit la statue à la chapelle.

Cette sainte, en effet, n'est autre chose qu'une petite statue de bois grossièrement travaillé, à laquelle il manque un bras et dont le ventre légèrement proéminent semble indiquer ce qu'on est convenu de nommer un état intéressant.

La légende est malheureusement aussi informe que la statue. En passant d'âge en âge, de bouche en bouche, elle a été si bien amputée d'un côté, gonflée de l'autre, au gré des conteurs, qu'on a grand'peine à reconnaître comment elle se rattache aux infortunes de notre saint, et pourtant elle y tient de très près.

Dans tous les cas, la voici telle qu'elle m'a été dite par M. Guibert, alors instituteur à Larochemillay, qui a pu en recueillir quelques fragments à l'aide desquels j'ai pu parvenir à la reconstituer presque en entier.

Au temps jadis, vivait dans le vieux castel de Thouleurs dont on aperçoit encore quelques murs en ruines sur le sommet du pic de ce nom, tout à côté de Saint-Gengoux, un noble et illustre seigneur. Il venait à peine de célébrer ses noces avec une noble demoiselle dont le nom est resté inconnu, quand il fut appelé à aller batailler contre les Sarrazins ou autres ennemis de la foi. Il en avait fait serment et il fallait le tenir. Laissant sa chère compagne sous la garde de quelques vieux hommes d'armes, de ses servantes et d'un page encore trop jeune pour pouvoir accompagner son seigneur à la guerre, il partit le cœur meurtri mais confiant dans la vertu de sa jeune épouse.

Les années se passèrent et de lui point de nouvelles; c'est en vain que le pauvre petit page essayait de consoler sa belle maitresse en lui jouant sur le luth les plus belles romances du temps, rien n'adoucissait la douleur de l'épouse inconsolable qui ne cessait de gémir et de penser à son pauvre mari. Pourtant, tout s'atténue avec le temps, même les plus cruelles douleurs. Tout le monde ayant fini par croire que le malheureux chevalier était tombé sous les coups des Sarrazins, peu à peu la dame se prit elle-même à le croire aussi.

Et puis, pendant ce temps de long veuvage, le petit page avait grandi et était devenu un beau chevalier. Ses chants et sa constance trouvèrent un beau jour le chemin du cœur de sa tant belle maitresse.

Ils s'aimèrent!

Or, ces choses-là finissent toujours par se savoir et les pauvres amoureux n'avaient malheureusement pas songé au grand livre de saint Gengoux.

Comment le mari trompé apprit-il son infortune conjugale? Personne le sait, mais on soupçonne que c'est le saint lui-même qui lui aurait fait part de ce fâcheux accident et qui lui aurait fourni en même temps les moyens de sortir de la prison dans laquelle les Sarrazins le retenaient captif depuis de longues années, pour aller venger son honneur.

A l'heure donc où on ne pensait plus à lui, il arrive brusquement au château et se fait reconnaître de ses serviteurs. Aussitôt, il ordonne à sa femme, atterrée de ce retour inattendu, de venir avec lui à la fontaine pour y prêter serment qu'elle lui était restée fidèle pendant son absence.

La malheureuse, plus morte que vive et qui, paraît-il, portait déjà des marques visibles de sa grossesse, se laisse docilement conduire et, au lieu de chercher quelque excuse, se prête à l'épreuve qu'on réclame d'elle : enfonçant, jusqu'à l'épaule, son bras dans la source, elle dit : « Je jure que je suis restée fidèle à mes serments, et si j'ai menti, que mon bras reste dans l'eau. »

Sitôt dit, sitôt fait. Le bras se détache de son pauvre corps, disparaît et elle ne retire que le moignon de l'épaule.

La légende se termine là ou, du moins, n'ai-je pu en apprendre plus long. Faut-il penser que la malheureuse amputée, chassée du château par son mari outragé qui disparut aussitôt, se retira dans quelque retraite ignorée où elle mourut en odeur de sainteté ? C'est là ce que semble vouloir dire la statue mutilée qui est bien, à n'en pas douter, celle de la sainte sans nom de la légende.

Or, comme j'en étais là de mes recherches, je tombai un beau jour sur une vie détaillée de saint Gengoux et j'y trouvai, à ma grande surprise, l'explication cherchée en vain.

C'est à saint Gengoux lui-même que le fait serait arrivé, je veux dire que c'est sa femme perverse qui, croyant pouvoir se moquer impunément de ses serments et des vertus de la fontaine, aurait été ainsi amputée.

Prise de remords, elle se serait retirée plus tard dans la solitude où son mari avait fait miracle et serait devenue la sainte.

Dans tous les cas, notre fontaine a sa réputation faite et ce n'est qu'en tremblant qu'on en approche. Aussi, je ne répondrais pas que ce ne soit elle qui renseigne si bien les mystérieux conservateurs de notre grand livre.

Comme à toute histoire, il faut une morale, qu'on me permette d'en tirer celle-ci :

> Mesdames, que ceci vous apprenne,
> Quand vous trahirez vot' serment,
> A ne pas mettre vot' bras dans la fontaine
> De Saint-Gengoux-en-Morvan.

Un dernier mot. Nos braves pères Gaulois tenaient

comme nous, paraît-il, à ne pas être trop... D'aucuns disent même qu'ils étaient fort jaloux. Quand ils venaient à soupçonner leurs femmes de quelque infidélité et qu'ils voulaient être bien certains que l'enfant venu au monde était bien leur vraie progéniture, ils le couchaient dans un bouclier et l'abandonnaient ainsi au cours du Rhin. Si les vagues le supportaient sans le submerger, c'est que cet enfant était bien le fruit légitime de leur union, sinon c'est que, comme on dit chez nous... ça y était. Il y avait aussi certaines fontaines dont les eaux étaient dites eaux de jalousie. Une fée aux cheveux d'or en était gardienne et quand une vierge voulait prouver son innocence, elle n'avait qu'à y plonger le bras.

Ce qui me fait soupçonner que notre légende de saint Gengoux, de sa fontaine et de la sainte pourrait bien n'être encore, comme tant d'autres, qu'une légende gauloise ou plus ancienne encore peut-être.

Et si, chers lecteurs, vous ne faites pas trop mauvais accueil à nos petits contes, nous les continuerons.

Lucien GUÉNEAU.

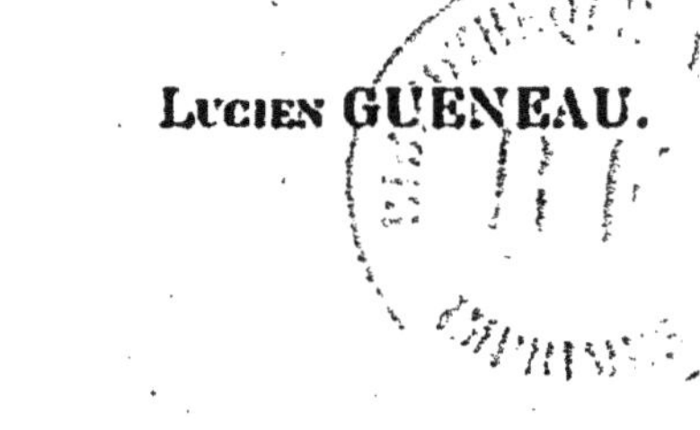

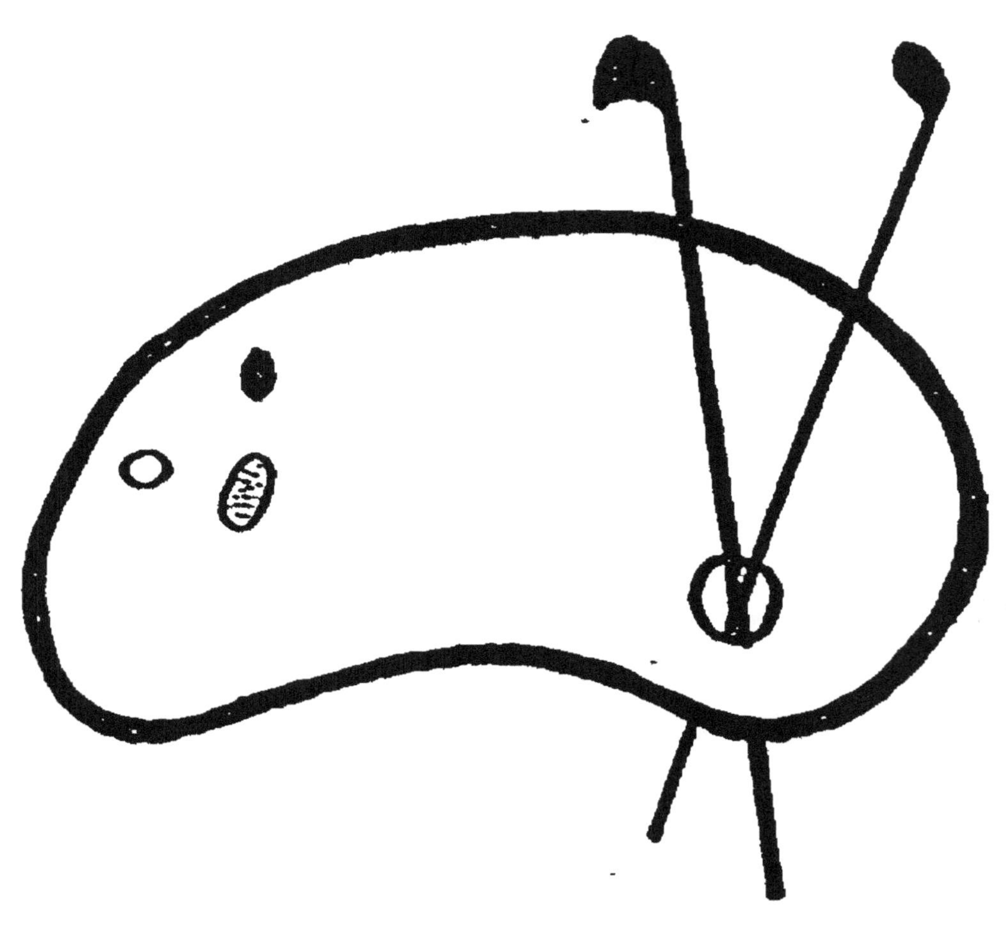